# MYLENE FARMER

# LES ANNEES SYGMA

SOUS LA DIRECTION
DE SYLVAIN SENNEFELDER

tear
PROD

# LES ANNEES SYGMA
## AVANT-PROPOS

En 1973, à la faveur d'une scission au sein de la célèbre agence photographique Gamma, Sygma voit le jour, fondée par Hubert Henrotte, qui emmène avec lui plusieurs photographes de Gamma. Rapidement, Sygma se révèle être une sérieuse concurrente pour Gamma, et s'impose comme l'une des agences mondiales leader, tant par la quantité de ses sujets diffusés que par ses innovations techniques, qui préfigurent l'ère du numérique et de la mondialisation : bureaux à New York, données stockées par informatique, rapidité de la transmission d'images… Car une agence digne de ce nom ne peut véritablement fonctionner que si elle est capable de diffuser son matériel photographique rapidement et partout dans le monde. L'Histoire existe par ses images, mais il faut que celles-ci puissent être facilement récupérables… Les années 60/70 représenteront l'âge d'or pour ces agences qui détiennent alors un rôle d'information capital, les chaînes de télévision et de radio n'étant pas encore surnuméraires.

Un changement radical se produit dans les années 80, qui voient l'essor de l'information continue, *via* la télévision, et un recentrage de l'opinion publique vers des sujets plus sociaux que réellement historiques. Il faut dire qu'avec l'effondrement du bloc de l'Est, le monde, jusqu'alors divisé en deux parties distinctes et antagonistes (capitalisme / communisme), se complique et se redéfinit. Les conflits se localisent, les idéaux se perdent, et le monde occidental cède définitivement à la société du spectacle et des loisirs. Sygma comme les autres doit suivre cette évolution et se reconvertit de plus

en plus dans les photographies « people » de gens célèbres, même si elle conserve toujours une image de marque prestigieuse en ce qui concerne le photojournalisme.

Les années 90 voient se développer l'ère de l'informatique. Désormais, la vente des images se fera également par Internet, ce qui implique une nécessaire numérisation des archives. En 1999, Bill Gates, le célèbre patron de Microsoft, rachète Sygma et ses 40 millions de photographies *via* sa propre agence Corbis, créée en 1989 et dont le président est Steve Davis. Le fondateur de Sygma, Hubert Henrotte, quitte alors le groupe, et son épouse Monique crée de son côté une autre agence photographique haut de gamme, H&K. Corbis a commencé depuis 5 ans un long travail de numérisation des archives – dont celles de l'énorme collection Sygma – afin de favoriser le développement indispensable qu'est la vente en ligne. Aujourd'hui, Corbis dont le siège est à Seattle, possède à son actif plus de 70 millions d'images… Son but est clair : devenir la plus grande banque de données mondiales.

L'intérêt de cet ouvrage sur Mylène Farmer et les années Sygma s'impose de lui-même : Sygma est la seule agence qui ait pu réunir, au fil des années, une collection impressionnante de photographies de la chanteuse. Grâce à cette fabuleuse recension d'images, on peut revivre les moments clés de son parcours, et suivre pas à pas la trajectoire d'une petite fille timide devenue méga-star… Ce livre est conçu et réalisé par Sylvain Sennefelder, directeur artistique du magazine *Mylène Farmer et vous*.

# MYLENE FARMER
## UNE CARRIERE EXEMPLAIRE

Mylène Gautier est née le 12 septembre 1961 et passe les premières années de sa vie à Pierrefonds, une petite ville située près de Montréal. Elle vient agrandir la famille de Max le marseillais et Marguerite la bretonne, ses parents, qui ont déjà une fille, Brigitte, et un fils, Jean-Loup. Pourquoi la famille française s'est-elle expatriée dans les lointaines contrées du Canada ? Tout simplement parce que monsieur Gautier, ingénieur des Ponts et Chaussées, travaille à la construction du barrage de Manicouagan. L'enfance de Mylène est sans histoire, tout du moins se refuse-t-elle à en parler. Le public saura néanmoins que la petite fille était solitaire, et qu'elle fera ses premières classes dans l'établissement religieux Sainte Marcelline. Mylène n'est pas très bonne élève, et plutôt indisciplinée. Elle a une grande passion pour sa grand-mère, à laquelle elle écrit souvent et qu'elle tient au courant de toutes ses évolutions. Plus tard, c'est cette même grand-mère qui emmènera la petite fille au cimetière, face aux demandes insistantes de cette dernière. La famille Gautier s'agrandit à nouveau en 1969 : Brigitte, Jean-Loup et Mylène accueillent un nouveau petit frère, Michel. Mais à l'aube des années 70, le barrage de Manicouagan est terminé, et la famille Gautier doit regagner la France, près de Paris, tout d'abord à Ville d'Avray, puis à Chaville. Les immeubles bétonnés de la banlieue, fût-elle chic, chamboulent la petite Mylène, qui était plutôt habituée aux grandes étendues neigeuses.

La jeune fille est une adolescente comme les autres, plutôt renfermée. Ses études ne la passionnent toujours pas ; en revanche, elle se prend d'un grand intérêt pour l'équitation, sport qu'elle pratiquera jusqu'à la fin de son adolescence, tentant même le monitorat d'équitation au prestigieux Cadre noir de Saumur. Une voie qu'elle abandonne rapidement. Pour l'heure, les études la rappellent à l'ordre, mais rien n'y fait : au bout de deux jours de terminale A (lettres et langues), Mylène arrête ses études, bien décidée à tenter sa chance et à devenir connue. Elle ne sait pas vers quoi s'orienter exactement, mais une chose est sûre, elle veut briller, et réussir. Elle s'inscrit aux cours de théâtre de Daniel Mesguich, puis à ceux du cours Florent. Ses compagnons d'alors, Agnès Jaoui, Anne Roumanoff ou Valérie Mairesse, se souviennent d'elle comme une jeune fille très timide. Pour la petite anecdote, Agnès Jaoui reverra Mylène presque 20 ans plus tard à Hollywood, pour les Oscars, et osera à peine lui dire bonjour, impressionnée par l'aisance de la chanteuse parmi les stars américaines !

Parallèlement à ses cours de théâtre, Mylène fait quelques photos pour de la publicité (Ikéa…), tourne des spots télévisés (Le Chat Machine, les ciseaux Fiskars), et travaille beaucoup pour les Japonais. Elle est également pendant un temps l'assistante d'un gynécologue. Peut-être qu'au fond d'elle-même, elle attend le déclic, la rencontre qui bouleversera son existence. Et le prince charmant arrive, sous les traits de Laurent Boutonnat.

Laurent Boutonnat est né le 14 juin 1961 dans une famille bourgeoise. C'est le cinquième et petit dernier de la famille. Son père, Pierre-Louis, fait une brillante carrière à l'EMC, puis sera président de VVF. Sa mère, Marielle, sera longtemps conseillère au ministère des Affaires sociales. Le jeune et talentueux Boutonnat s'illustre en 1979 en réalisant à 17 ans le film *La Ballade de la féconductrice*, film violent et ambigu interdit aux moins de 18 ans, puis un court-métrage, *Parents si vous saviez*, pour l'Éducation nationale. Pour l'heure, en ce début des années 80, il a décidé de se lancer dans la musique. Il fréquente un jeune passionné, Jérôme Dahan, et tous deux décident de monter une maison d'édi-

tion musicale avec un autre associé, qui part rapidement, ne trouvant pas sa place auprès de ces deux caractères forts. Après avoir été en pourparlers avec Lio pour un projet musical, Jérôme et Laurent composent une chanson, « Maman a tort ». Ils sont persuadés qu'ils tiennent là un bon titre, mais il ne peut pas être interprété par n'importe qui. Les deux jeunes gens se décident à passer un casting. C'est là que Mylène intervient. Depuis quelque temps, elle est proche de Jérôme Dahan, qui lui parle de l'audition. Elle vient, est choisie, et l'histoire peut commencer.

« Maman a tort » sort en mars 1984, après bien des péripéties pour trouver une maison de disques. C'est finalement RCA qui signe, pour deux 45T, Mylène Farmer (nom emprunté à l'actrice américaine des années quarante Frances Farmer, plusieurs fois internée de façon abusive et décédée en 1970 d'un cancer de l'œsophage). « Maman a tort » fait parler, et le clip qui l'accompagne également. Mais il faudra l'intervention d'un nouveau venu, Bertand Le Page, qui jouera les rôle d'éditeur et de manager, pour que la carrière de Mylène décolle réellement. Une seconde pochette en couleur voit le jour, une version anglaise « My mum is wrong » (comme c'est la mode à l'époque) également. Un second clip, beaucoup plus cher, est également à l'étude, mais sera finalement abandonné car trop ambitieux. Au final, « Maman a tort » se vend à 100 000 exemplaires, ce qui est loin du million que Jeanne Mas vend à l'époque, mais honorable pour un coup d'essai.

Le visage de Mylène commence à s'afficher dans les médias, la jeune fille fait beaucoup de galas durant l'été et multiplie les télés. Le second 45 tours de Mylène, « On est tous des imbéciles » sort en février 1985 (initialement, le second single s'intitule « Bip be bou rock 'n'roll », puis « I do love you », parole que l'on retrouvera sur l'album *Ainsi soit je*… avec « La ronde triste » des années plus tard !). Malgré son originalité, « On est tous des imbéciles » ne se vend pas bien (40 000 exemplaires), et il s'ensuit deux ruptures : la première avec la maison de disques RCA, la seconde avec Jérôme Dahan. Ce dernier voulait donner à Mylène une image proche de celle de Françoise Hardy, Laurent et Mylène ne juraient que par Jeanne Mas. Impossible de s'entendre plus avant…

Le trio Boutonnat/Farmer/Le Page commence alors à imaginer les choses en grand. Ils changent d'abord de maison de disques et signent chez Polydor, alors en recherche de jeunes artistes originaux. Le single « Plus grandir » sort en septembre 1985 et signe la marque de fabrique « Farmer » : une chanson sombre avec un clip somptueux et un brin érotique, réalisé avec de grands moyens. Le titre est un succès moyen, mais l'image de Mylène s'impose de plus en plus. Le titre « We'll never die » sort au Canada début 1986 (avec « Chloé » en face B) mais, comme « My mum is wrong », c'est un échec. Mylène semble bel et bien faite pour la France ! Le grand bond est accompli avec la sortie du tube « Libertine », en avril 1986 et du premier album *Cendres de lune*, produit et réalisé par Laurent Boutonnat. « Libertine » est un méga-tube (Mylène atteint la 9e place du Top 50) et le superbe clip de plus de 10 minutes qui l'accompagne, fait couler beaucoup d'encre. C'est lui qui imposera Laurent comme le maître incontesté des vidéos chic et sulfureuses. L'album marche bien également, et Mylène commence à avoir ses premiers fans, qui apprécient cette ambiance sombre et élégante. La chanson « Libertine » sera également enregistrée en anglais, sous le titre « Bad girl », mais ne sera pas commercialisée et restera « collector ».

Le single suivant sort en février 1987 et il n'a rien à voir avec les références décadentes de « Libertine ». Dans « Tristana », Mylène évoque la folie et la mort, et le clip de Laurent Boutonnat est vraiment étonnant. Tourné dans les neiges du Vercors, il revisite le conte de Blanche Neige à la sauce révolutionnaire russe ! C'est une réussite et le titre, qui se classe 7e au Top 50, est rajouté sur l'album *Cendres de lune*, dont la carrière redémarre. Laurent et Mylène sont pris dans une frénésie de travail, et rapidement, une autre bombe est lancée. En octobre 1987, Mylène enfile un costume de gamin des rues, se coiffe d'une casquette, et entonne sa célèbre ritournelle « Sans contrefaçon ». Hymne de la communauté homosexuelle mais aussi véritable tube populaire et polisson, la chanson est un succès. Mylène défile alors dans beaucoup d'émissions télés, mais elle sait également quitter ses habits de garçon manqué pour se faire femme fatale : toujours en octobre, elle revêt une jolie robe noire (qui laisse entrevoir un sein !) et chante « Déshabillez moi » aux Oscars de la mode. Rapidement, Mylène et Laurent retournent en studio pour finaliser le second album. À présent, une certaine pression pèse sur leurs épaules, et le travail prend plus de temps. Ils sont épaulés par l'ingénieur du son Thierry Rogen (rencontré au moment de « Tristana »), un passionné de dance music, qui les aide à trouver ce son particulier, dans les studios Mega qu'il a d'abord installés Porte de la Muette, à Paris.

Au début de l'année 1988, Laurent et Mylène tournent le clip qui accompagne « Sans contrefaçon », une jolie vidéo à l'atmosphère foraine, où l'humoriste Zouc interprète avec grâce une sorte de « fée-bohémienne ». « Sans contrefaçon » se classe 2e au Top 50, une première pour Mylène. Si « Sans contrefaçon » était gai (et gay !), le single suivant est d'emblée très sombre. Dans « Ainsi soit je… », qui sort en mars 1988, Mylène évoque la détresse et la solitude, sur un clip sobre tourné dans les tons sépias, dans lequel la jeune femme au regard triste évolue dans une ambiance onirique. Le second album, disponible en mars 1988, s'appelle également *Ainsi soit je...* (Mylène tient aux trois petits points, comme elle le dira souvent en interview !) et c'est un chef d'œuvre, qui contient de nombreux futurs tubes. Dans le premier morceau, « L'Horloge », une superbe mise en musique du poème de Charles Baudelaire, Mylène fait partager au public son goût pour la littérature et la poésie. L'album contient également « Sans contrefaçon », mais aussi « Pourvu qu'elles soient douces », qui sort le 12 septembre 1988, un bel anniversaire pour Mylène. Cette chanson reste sans doute l'une des plus emblématiques du répertoire. Évoquant la sodomie, elle peut aussi se comprendre dans d'autres sens et reste un petit bijou d'humour et de libertinage léger.

Libertinage, le mot est lancé, car pour le clip de « Pourvu qu'elles soient douces », Laurent n'imagine rien de moins que de donner une suite à « Libertine », pour un second volet encore plus percutant. Le clip (dont le budget tourne autour de 300 000 euros) dure plus de 17 minutes, il mobilise 200 figurants de l'armée et met en valeur la douceur et le charme de Mylène/Libertine. L'accueil du public est à la hauteur des efforts fournis, et à nouveau, Mylène fait un très gros carton (800 000 exemplaires et première place au Top 50 pendant 5 semaines !). Le titre sera même exploité à l'étranger sous le titre de « Douces ». Un succès n'arrivant jamais seul, Mylène est sacrée meilleure interprète aux Victoires de la Musique en novembre, supplantant Guesh Patti et France Gall. Son arrivée étrange sur la scène pour recevoir un prix restera dans les annales, car on ne saura jamais si la chanteuse était émue, ou prise de boisson !

L'année se finit bien pour Mylène, qui est désormais une star. Boulimique de travail, le tandem Farmer/Boutonnat continue d'exploiter *Ainsi soit je...* Le titre « Sans logique » sort en février 1989, accompagné d'un curieux clip tourné en studio à Arpajon, dans lequel une Mylène « taureau » encorne son toréador-amant dans une ambiance gothique-hispanisante. Encore une vision simple de l'amour ! Le titre n'est pas autant apprécié que « Pourvu qu'elles soient douces », mais les ventes restent honorables, d'autant que la face B du 45T comporte un très bel inédit, « Dernier sourire », une chanson triste dédiée au père de Mylène, décédé peu avant.

Un dernier défi reste à relever pour Mylène : la scène. Depuis quelques années, elle a réussi à imposer son image auprès d'un public toujours plus nombreux. Mais vaut-elle quelque chose sur scène ? La plupart des médias s'interrogent. Pendant de longs mois, Mylène suit un entraînement strict (régime, gymnastique et répétitions), mais les détails concernant le spectacle sont tenus secrets. On sait simplement qu'il sera grandiose. C'est donc dans un contexte de pression et d'effervescence que Mylène entame sa *Tournée 1989*, par un coup d'essai à Saint-Étienne le 11 mai 1989 puis quelques dates parisiennes très attendues à partir du 18 mai au Palais des sports, avant de sillonner la France. Interprétant l'essentiel de son jeune répertoire dans un décor morbide (signé Hubert Monloup, célèbre décorateur) très théâtralisé, Mylène se révèle douée et charismatique. En tout cas, chaque détail est pensé, jusque dans les costumes très originaux (bien qu'un peu dépassés aujourd'hui) de Thierry Mugler. Entre temps, l'album *Ainsi soit je…* a été sacré disque de diamant (pour un million de ventes). Cette première tournée s'achève triomphalement le 8 décembre 1989 dans un Bercy plein à craquer. Le jour de la dernière sort également la vidéo très attendue *En concert*. Comme on s'y attendait, le concert est magnifiquement filmé, chaque plan étant savamment étudié. Laurent a même poussé le perfectionnisme jusqu'à filmer le concert sans public au Forest national de Bruxelles pour harmoniser ses plans. Mais toutes les bonnes choses ont une fin et un drame vient entacher cet état de grâce. Pour la fin de la tournée, le manager de Mylène, Bertrand Le Page, organise une fête somptueuse à l'école des Beaux Arts, durant laquelle on doit remettre à Mylène son disque de diamant. Mais la soirée ne se déroule pas comme prévu et Bertrand fait un scandale, jetant même une chaise en pleine cérémonie. Pendant toute la soirée, sentant l'orage venir, Laurent ne s'assoira même pas, passant de table en table pour s'assurer que tout le monde va bien. Cela fait un bout de temps que les relations entre le duo Farmer/Boutonnat (qui ont créé en octobre 1989 leur propre société d'édition, Requiem Publishing) et Le Page sont tendues, mais là, c'est la goutte d'eau qui fait déborder le vase. Le Page est congédié et remplacé par Thierry Suc, alors co-producteur du concert.

L'année 1990 est relativement calme, et permet à Mylène de se reposer du tourbillon des années écoulées. L'actualité du tandem redémarre début 1991, lorsque Laurent se trouve à Budapest pour tourner les clips de deux des titres du mystérieux nouvel album. Il s'agit des chansons « Désenchantée » et « Regrets », qui met en scène le premier duo de la carrière de Mylène : après des mois de correspondance, la jeune femme a proposé au ténébreux Jean-Louis Murat, jeune chanteur peu connu à l'époque, une association des plus romantiques. Dans le froid de Budapest, Laurent Boutonnat fait travailler ses équipes du matin au soir, et prépare déjà le terrain de ce qui sera l'aventure de *Giorgino*, son long-métrage, deux ans après. Murat, Laurent et Mylène seront très proches à l'époque, mais Murat préférera prendre un peu de distance par la suite, même s'il se montrera toujours très élogieux dans les médias à l'égard du tandem, chose inhabituelle chez lui !

Le titre « Désenchantée » sort en mars 1991 et il constitue une révolution. Pourtant, le titre faillit ne pas voir le jour, car Laurent Boutonnat ne trouvait pas la bonne rythmique en studio. Énervé, il quitta même les studios Mega un soir en disant qu'il fallait mettre le titre à la poubelle ! Heureusement que l'ingénieur du son Thierry Rogen reprit l'air et trouva le gimmick groovy qui imposa la chanson. Le clip est également une réussite, et simule une insurrection qui ne mène à rien, façon élégante de symboliser le pessimisme qui se dégage du titre. De plus, la chanteuse arbore un nouveau look, cheveux courts et costumes stricts.

L'album *L'Autre* sort en 1991 et il allie plus que jamais tristesse des textes, musique efficace et image forte. Désormais, une agence de design graphique, Com'NB, s'occupe, sous la houlette de Polydor, de la communication visuelle de Mylène, et ça se voit. « Désenchantée », emblématique de cet album (et de cette période) se vendra à plus d'un million d'exemplaires ; c'est également le titre qui rapporte le plus de droits d'auteur pendant l'année 1992. À peine Laurent et Mylène ont-ils le temps d'aller passer quelques temps de vacances sur la banquise, invités par Luc Besson sur le tournage de son film *Atlantis*, que déjà un autre single extrait de *L'Autre* sort, en septembre 1991 : il s'agit du fameux duo Murat/Farmer, qui fonctionne très bien lui aussi. Contrairement à « Désenchantée », il y aura très peu de promotion pour ce titre (notons que Jean-Louis Murat n'était pas habitué aux grosses émissions de variétés). Mais les choses semblent décidément trop bien marcher pour Mylène et le destin s'acharne : le 14 novembre, un fan s'introduit dans les locaux de Polydor, demande à parler à son idole, et pris de rage, tire sur le standardiste (qui décèdera quelques heures plus tard). L'homme monte ensuite dans les étages et, fort heureusement pour les personnes présentes, son arme s'enraye. Cette terrible histoire marquera à jamais Mylène, qui se montrera désormais toujours méfiante envers ses fans.

Tandis que l'album *L'Autre* continue à marcher du tonnerre, le single « Je t'aime mélancolie » sort en octobre et rompt avec la tradition de « voix haut perchée » qui a fait la marque de Mylène : la chanteuse y exécute une sorte de rap, avec la belle voix grave qu'elle a en parlant. Le clip est également curieux et présente Mylène sur un ring de boxe qui se bat contre un beau garçon ténébreux (un boxeur professionnel yougoslave). Le dernier single extrait de *L'Autre* sera « Beyond my control », en mai 1992 dont le clip démarre difficilement. En effet, Laurent, déjà en préparation de son long métrage *Giorgino*, n'a vraiment pas d'idées pour ce nouveau clip. Il songe à reprendre des images qu'il a déjà tournées de Mylène mais qu'il n'a jamais exploitées, et finalement, il met en scène ce scénario érotico-vampirique, dans lequel Mylène découvre un adultère et s'immole sur un bûcher, tandis que des loups dévorent les restes d'une charogne. Le clip ne plaît pas, et certaines chaînes préfèrent ne pas le diffuser, ou bien après minuit.

Toujours en 1992, on note la participation de Mylène au disque *Urgences* (au profit de la lutte contre le sida), un double album de reprises acoustiques, sur une idée d'Étienne Daho. Mylène offre une version nouvelle du titre « Dernier sourire », alors qu'au départ, « Que mon cœur lâche » était destiné à figurer sur la compilation, puisque le titre évoque clairement le port des préservatifs. Cette chanson sort finalement en novembre 1992 et pour la première fois, Laurent Boutonnat confie sa muse à la caméra d'un autre. Luc Besson clippe en effet de façon très humoristique les déboires de Mylène qui interprète un ange gardien envoyé sur terre pour rétablir l'amour. En décembre 1992 sort l'album *Dance Remixes*, une compilation réussie de versions longues et remixées (déjà existantes, sauf trois inédits) des tubes de Mylène, histoire de rester présent dans l'actualité.

Pourquoi diable Laurent a-t-il délaissé Mylène pour le clip de « Que mon cœur lâche » ? Tout simplement parce qu'il se trouve en Tchécoslovaquie, pour mettre en place le tournage de son long métrage *Giorgino*, un projet qu'il a écrit depuis

des années avec son compère Gilles Laurent (qui participa également au script de « Pourvu qu'elles soient douces », à la conception du concert de 1989, et qui est notamment célèbre pour son doublage de *Jayce et les conquérants de la lumière* !). *Giorgino* est un projet difficile à tous les points de vue. Financièrement, Laurent s'associe à Polygram France (relativement confiant vu le fort potentiel commercial de Mylène), mais il engage beaucoup de frais *via* ses sociétés ; techniquement, le tournage est long et ardu : équipe d'acteurs et de techniciens internationale, longueur du film, interventions d'animaux comme chiens et chevaux, climat difficile (absence imprévue de neige).

Mais Laurent y croit, et il est fermement résolu à aller jusqu'au bout. Le casting est prestigieux, tant sur le devant de la scène (Louise Fletcher, Joss Auckland, Jean-Pierre Aumont, Frances Barber…) qu'à la technique (Pierre Guffroy aux décors, Jean-Pierre Sauvaire à la photographie, et les fidèles compères de Laurent : Agnès Mouchel au montage et Thierry Rogen au mixage). En revanche, deux acteurs débutants tiennent le haut de l'affiche : Mylène Farmer, bien sûr, et le jeune Jeff Dahlgren (rencontré à Los Angeles, ex-musicien du groupe punk Wasted Youth). Rapidement, les difficultés s'additionnent et plombent l'atmosphère du tournage. Laurent semble pris dans son film et n'arrive pas à s'en dégager ; ses rapports avec Mylène deviennent tendus et celle-ci se rapproche de Jeff, qui a lui-même du mal à s'intégrer à l'équipe. Le problème de Laurent est qu'il a tendance à peaufiner les détails, au lieu de se centrer sur l'ossature de son film. Heureusement, le tournage s'achève en mai 1993 et le travail de montage commence, pendant plus d'un an. La post-synchronisation (étape technique au cours de laquelle les acteurs se doublent pour certaines scènes extérieures, ou pour tourner dans une autre langue) se fait à Londres, période au cours de laquelle Laurent se montre particulièrement exigeant avec Mylène. Elle va souvent s'isoler pour reprendre des forces, mais ne cède pas à la pression. Selon certains proches, cette relation tumultueuse que Laurent et Mylène entretiennent depuis toujours les stimule artistiquement. Parallèlement au montage du film, Laurent travaille également sur la bande-originale, enregistrée à Prague avec l'orchestre philharmonique (un magnifique coup de maître dont la direction musicale est confiée au jeune Yvan Cassar). Le film *Giorgino* doit normalement sortir en août 1994, mais le distributeur du film, Amlf, après un premier visionnage, demande à Laurent de couper une heure au film, qui sort finalement le 5 octobre 1994, dans un contexte très attendu.

Malheureusement, Mylène et Laurent s'acquittent mal de leur promotion. Malgré une avant-première très chaleureuse, la plupart des critiques sont assassines, et le film ne sera vu que par environ 60 000 personnes. C'est une catastrophe artistique et financière pour Laurent, qui s'enferme chez lui pendant 6 mois et ne répond même plus au téléphone. Par la suite, il rachètera les droits de son film et *Giorgino* ne sera diffusé en tout et pour tout que quatre fois sur Canal+. Mylène, quant à elle, prend l'échec de façon plus distante. Elle s'envole aux États-Unis et prépare l'écriture de son prochain album. Laurent la rejoint 5 mois plus tard, et le tandem s'enferme à nouveau dans le travail.

Au final, le public n'est pas longtemps privé de Mylène, puisque la belle revient en septembre 1995 (moins d'un an après la sortie de *Giorgino* !) avec l'album *Anamorphosée*, inauguré par la sortie du single « XXL », dont le clip, tourné dans l'orangeraie de Fillmore en Californie, est réalisé par Marcus Niespel. La musique est plus rock, Mylène plus sexy et la promotion est bien menée : Mylène, bien que se faisant rare, fait quand même le déplacement dans plusieurs grandes émissions et accorde quelques interviews. L'album *Anamorphosée*, dont le livret est signé par le célèbre photographe Herb Ritts, sort le 17 octobre 1995. Beaucoup diront que c'est là que s'effectue le grand virage pour Mylène, qui quitte une bonne fois pour toute son image d'androgyne torturée pour s'américaniser et se rendre plus lisse, plus star, plus femme. Pourtant, *Anamorphosée* explore tout autant ses douleurs que les albums précédents, avec plus de guitares... Le deuxième extrait de l'album, qui sort le 13 décembre 1995, ne dément pas cette analyse, puisqu'il s'agit du pessimiste « L'Instant X », sur lequel Mylène retrouve sa fameuse voix éraillée. Le clip est également réalisé par Marcus Niespel et il montre New York envahi par une épaisse mousse blanche (des problèmes de mousse trop abondante gêneront le tournage du clip).

Toujours en décembre, Mylène rencontre l'écrivain Amélie Nothomb dans le palace parisien Le Crillon, pour une interview croisée du magazine *Vogue* allemand. C'est la seule fois que l'écrivain et la chanteuse se rencontreront, mais un petit texte sera demandé à Amélie quelques mois plus tard pour le programme du *Tour 1996*. La demande sera faite par Thierry Suc, mais Amélie devra s'y reprendre à deux fois avant que son texte soit accepté !

Pendant ce temps-là, *Anamorphosée* poursuit sa jolie carrière, reboostée par la sortie du single « California », en mars 1996. Cette fois, Mylène a vu les choses en grand, puisqu'elle a confié la réalisation du clip au cinéaste Abel Ferrara (réalisateur entre autres de *Bad Lieutenant* et de *Snake Eyes* avec Madonna). Mylène interprète parallèlement une prostituée/bourgeoise aux prises avec un mac/époux (interprété par Giancarlo Esposito). Si les rapports ne sont pas simples sur le tournage (Mylène fut un peu bousculée dans sa pudeur par Abel, elle qui n'était en confiance qu'avec Laurent pour les scènes déshabillées), le résultat est néanmoins réussi et « California » est un réel succès (le titre passera beaucoup en radio). Logiquement, ce que tout le monde attend arrive enfin : la seconde tournée de Mylène, le *Tour 1996*, qui débute le 25 mai 1996 à Toulon.

Cette tournée est un véritable triomphe et elle sera réussie sur tous les plans : conception (Mylène), direction musicale (Yvan Cassar), musiciens (Abraham Laboriel Junior, Brian Ray), danseuses (Donna de Lory, qui travaille avec Madonna), costumes (Paco Rabanne). Hélas, un drame vient entacher la tournée : le 15 juin, Mylène fait une chute de plusieurs mètres lors de son final à Lyon. Le danseur David Martiano monte sur la balustrade derrière elle pendant « XXL », mais la barrière de sécurité est mal mise. Ils chutent tous les deux, Mylène tombe en premier, et le danseur tombe sur son poignet : fracture ouverte pour Mylène. La chanteuse est emmenée à l'hôpital Édouard Herriot et se trouve condamnée à un repos forcé en pleine tournée. Le single « Comme j'ai mal » sort en août 1996, avec à nouveau Marcus Niespel aux commandes pour le clip.

La tournée redémarre en novembre (le premier extrait du live, « Rêver », sort le 26 novembre 1996) et s'achève par un final à Caen le 15 décembre. Le 12 décembre à Bercy, la chanteuse fait monter Khaled sur scène pour chanter « La poupée qui fait non ». Les deux artistes avaient chanté ce duo pour la première fois au cours de l'émission *Tiptop*, diffusée en octobre 1996. Satisfaits de cette association, ils enregistrent le titre aux studios Mega. Ils s'entendent très bien, mais ne se voient que quatre heures en tout et pour tout ! « La poupée qui fait non » sort en avril 1997 (avec pour la première fois, des remixes signés Mylène Farmer !) mais ne marche pas du tout.

Tout le monde attend la vidéo et l'album de la tournée. Ces supports sortent tous deux en mai 1997, et remportent un énorme succès (presqu'un million de ventes pour le double CD du *Live à Bercy*, un record pour un live). Comme toujours, le film du concert est très retravaillé, étant monté à partir de plusieurs dates, mais le résultat est réussi malgré

quelques erreurs. Mylène disparaît à nouveau des médias, pendant que Laurent en profite pour signer le tube de l'été avec « Hasta siempre », pour l'actrice Nathalie Cardone (l'album de Nathalie, réalisé et produit par Boutonnat, sortira en 1999 mais sera éclipsé par le retour de Mylène).

Mylène effectue son retour en véritable star au début 1999 avec le single « L'Âme-stram-gram » accompagné encore une fois par un clip de grande envergure, réalisé et tourné en Chine par le cinéaste Ching Siu Tung (*Histoires de fantômes chinois*) sur un scénario co-écrit par Mylène. Si les rythmes techno du titre inquiètent les fans, ces derniers sont rassurés par la sortie de l'album *Innamoramento*, en avril 1999. C'est du Boutonnat/Farmer à 100%, avec le retour à une ambiance mystique et sombre un peu délaissée dans *Anamorphosée*. La pochette est signée Marino Parisotto Vay, un photographe de mode italien très prisé. Au moment de la sortie de l'album, Bertrand Le Page, premier manager de Mylène congédié en 1989, se donne la mort, à Saint-Malo. Mylène interrompt quelques jours la promotion de son album. Le scandale arrive en juin avec la sortie du single « Je te rends ton amour » et surtout du clip qui l'accompagne, réalisé par François Hanss (ancien assistant de Laurent Boutonnat) à l'abbaye de Mériel dans le Val d'Oise (l'abbaye fut un temps fermée au public mais on peut à nouveau la visiter). Dans ce clip très torturé, on voit une Mylène aveugle se faire abuser dans une église, puis recouvrer la vue. Comme pour « Beyond my control », les chaînes de télévision sont plutôt froides et ne passent le clip entier qu'après minuit. Mais Mylène contre-attaque, et fait distribuer en kiosques la VHS du clip accompagnée d'un livret de photos du tournage. Le profit des ventes (plus de 70 000) est reversé à l'association « Sidaction ». Pendant l'été, Mylène prépare activement sa tournée. Car enfin, ça y est, la belle rousse remonte sur scène, à l'occasion du très attendu *Mylenium Tour*.

Les répétitions se déroulent aux États-Unis, car, comme pour la tournée précédente, la plupart des musiciens et des danseurs sont américains. Le *Mylenium Tour* débute le 21 septembre à Marseille, mais ce premier récital est un brin approximatif. Mylène rehausse le niveau et les choses rentrent dans l'ordre. Cette tournée gigantesque est marquée par la présence sur scène d'une statue articulée de 9 mètres de haut (réalisée d'après une peinture de l'artiste suisse H.R. Giger, le concepteur des monstres du premier volet d'*Alien*). Mylène, malgré des costumes qui laissent à désirer, offre à son public un spectacle digne de ce nom et un track-listing très original. On note un absent de taille, à toutes les étapes de la réalisation : Laurent Boutonnat.

Le *Mylenium Tour* est censé s'achever le 13 décembre, tandis que le single « Souviens-toi du jour », à nouveau clippé par Marcus Niespel, sort le 28 septembre. La chanson rend hommage au livre de Primo Levi, *Si c'est un homme*, qui aborde l'Holocauste. Devant le succès de sa tournée, Mylène décide de jouer les prolongations. Le *Mylenium Tour* reprend le 8 février à Lille. Auparavant, Myène remporte le prix de la meilleure interprète féminine de l'année aux premiers *NRJ Music Awards*, organisés à Cannes le 22 janvier 2000. Pour accompagner le redémarrage de la tournée, le single « Optimistique-moi » est disponible le 22 février, avec un clip magnifique, tourné à Prague, de Michael Haussman. Contre toute attente, ce n'est pas en France que le *Mylenium Tour* s'achève... mais à des milliers de kilomètres de là, en Russie, où Mylène fait deux dates à Moscou, puis un ultime show très émouvant le 8 mars 2000 à Saint-Pétersbourg.

Si tout le monde s'attend à ce que Mylène disparaisse de l'affiche pendant un bout de temps, c'est avec une surprise de taille qu'elle et Laurent reviennent en juin sur le devant de la scène. Cette fois, ils ne sont pas seuls : ils ont composé et produit le titre d'une jeune fille de 15 ans, Alizée, que le public avait pu découvrir dans l'émission *Graines de stars*. La chanson, qui sort très judicieusement le 4 juillet, s'appelle « Moi... Lolita » et c'est le tube absolu de l'été 2000. Laurent réalise un clip où les charmes pubères de la jeune fille sont mis en avant ! Alizée devient l'idole des jeune, lance la mode des « lolitas » et sort en novembre, dans la foulée de son succès, le tube « L'Alizé », suivi de l'album *Gourmandises*, disponible le 28 novembre. Toutes les paroles ont été écrites par Mylène, et la musique est signée... Boutonnat, bien évidemment ! Et Mylène dans tout ça ? Elle est présente sur la bande originale du dessin animé *Rugrats in Paris* (*Les Razmokets à Paris*) avec un joli titre inédit, « L'Histoire d'une fée, c'est... ». La fin de l'année 2000 est également marquée par la sortie conjointe du double album et du DVD du *Mylenium Tour*. Comme à l'accoutumée, ce live sera un succès, même s'il est moins réussi dans sa conception que le *Live à Bercy* de 1997.

Le 20 janvier 2001, Mylène vient tranquillement à Cannes rafler pour la seconde fois son trophée de meilleure interprète féminine de l'année aux *NRJ Music Awards*. Alizée n'est pas en reste et obtient le prix de la révélation francophone de l'année et celui du meilleur site Internet. Début février, le single « L'histoire d'une fée, c'est... » est enfin disponible. Pas de grands remous dans les mois qui suivent, exceptée une rumeur tenace pour la sortie dans le commerce, pendant l'été 2001, du titre « Regrets » en live, un titre qui ne sort finalement pas. Pendant ce temps, Alizée fait un triomphe partout dans le monde, surtout aux Pays-Bas et au Japon. En octobre, Mylène produit le titre d'une chanteuse américaine, Christia Mantzke, « I'm not a boy ». Mantzke est une proche de Jeff Dahlgren (rôle-titre de Giorgino et guitariste de Mylène) au style apparenté à celui d'Alanis Morissette (que Mylène dit beaucoup apprécier). Le titre, qui sort chez EMI, passe totalement inaperçu.

Les choses commencent à aller un peu moins bien pour Alizée, qui sort coup sur coup deux autres extraits de l'album *Gourmandises*, « Parler tout bas » (au clip très réussi) et « Gourmandises » (au clip pas du tout réussi !), deux chansons qui n'obtiennent qu'un demi-succès. Mylène quant à elle, fréquente beaucoup son ami l'écrivain Marc Lévy, dont elle illustre la couverture du second livre, *Où es-tu ?* La chanteuse n'a pas encore dit son dernier mot, car au mois d'octobre, elle propose au public le troisième duo de sa carrière, la chanson « Les Mots », avec le talentueux chanteur anglais Seal (qui depuis, a relancé sa carrière de façon fulgurante). Ce titre marque également les retrouvailles de Mylène avec la caméra de Laurent Boutonnat, qui 11 ans après « Beyond my control » réalise pour sa muse une très belle vidéo inspirée du tableau de Géricault, *Le Radeau de la méduse*.

La chanson « Les Mots » inaugure un évènement de taille, la sortie du premier *best of* de Mylène, une compilation de ses meilleurs titres, qui contient encore deux inédits : « C'est une belle journée » et « Pardonne-moi ». Le livret photo, signé Ellen Von Unwerth, et présentant une Mylène très sexy, sera apprécié ! Seal et Mylène ne feront qu'une apparition télévisée (comme pour les duos avec Murat et Khaled), lors de la troisième édition des *NRJ Music Awards*, le 19 janvier 2002 où, surprise... Mylène rafle pour la troisième fois le prix de l'interprète féminine de l'année ! Les deux autres inédits du best of *Les Mots* seront aussi exploités en single : d'abord « C'est une belle journée » (en avril 2002) avec un clip animé réalisé par Benoît di Sabatino d'après des dessins de Mylène. Puis « Pardonne-moi » (octobre 2002), avec cette fois à nouveau un clip en noir et blanc de Boutonnat.

L'actualité de Mylène s'arrête à nouveau, mais l'idole revient pour la quatrième édition des *NRJ Music Awards* (elle n'était pas annoncée mais s'est ravisée au dernier moment) et offre un beau cadeau à son public, en interprétant le titre « Rê-

ver » accompagnée au piano par Yvan Cassar. Puis Mylène s'efface à nouveau pour laisser place à Alizée, qui sort le single « J'en ai marre » en janvier 2003. Le retour de la petite Corse ne sera qu'une demi-réussite. En effet, pendant son absence, des chanteuses comme Lorie ou Jenifer lui ont ravi la place dans le cœur des jeunes filles. L'album d'Alizée, qui sort en mars 2003 et s'intitule *Mes courants électriques*, ne sera que modérément apprécié par le public et la critique. Les singles qui seront extraits (« À contre courant », « J'ai pas vingt ans »), ne trouveront pas leur écho. Pourtant, Alizée entame le 24 août une tournée à l'Olympia, qui dure plusieurs mois, et arrive à remplir les salles jusqu'à un ultime Zénith de Paris le 17 janvier 2004.

Quant à Mylène, tout le monde pense que 2003 sera l'année de son grand retour musical... mais non ! La chanteuse, à la surprise générale, sort un livre en avril 2003, un conte philosophique illustré par ses soins, intitulé *Lisa-Loup et le Conteur* (éditions Anne Carrière). Il en sera tiré 75 000 exemplaires, un record dans l'édition pour ce genre de livres. Elle produit également, *via* sa société Requiem Publishing, le groupe électro Good Sex Valdes pour le titre « I want your wife » avec un clip amusant co-produit par Benoît di Sabatino. Puis, en décembre 2003, et à la grande déception des fans, Mylène propose à nouveau une compilation, intitulée *Remixes*, des versions revisitées de ses tubes par les plus grands musiciens éléctro du moment (One-T, Paul Oakenfold, Felix da Housecat...). Alors que des rumeurs la mêlent à un projet cinématographique avec Marc Lévy, il semble qu'il n'en est rien : Mylène rencontre effectivement des cinéastes comme Jacques Audiard et d'autres, rachète les droits d'adaptation de *Peau d'âne*, mais rien ne se concrétise réellement.

L'année 2004 est faite d'attentes et de conjectures, tout juste interrompue par la production pendant l'été du second titre de Good Sex Valdes, « You », où l'on entend très distinctement Mylène chanter. Le titre n'est hélas pas commercialisé. À la fin de l'année, le live d'Alizée sort en CD et DVD, mais dans l'indifférence générale. La jeune fille semble prendre ses distances avec la rousse icône et met sa carrière entre parenthèses.

En décembre 2004, le public a enfin des nouvelles de Mylène. Tout d'abord, les centrales d'achat comme la Fnac et Virgin annoncent publiquement la mise en vente des billets du prochain concert de Mylène. Surprise générale, la chanteuse n'effectuera pas de tournée en province, mais donnera un spectacle à Bercy du 13 au 29 janvier 2006. Il faut vite expliquer les raisons de ce choix aux médias. Thierry Suc, le manager de Mylène, fait organiser une conférence de presse dans les salons France-Amériques du 8e arrondissement par une célèbre agence de communication. Une cinquantaine de journalistes se ruent sur l'évènement, avides de nouvelles enfin récentes. C'est un moment important puisque, outre Thierry Suc, Laurent Boutonnat et Mylène Farmer font leur grand retour, très à l'aise. Les premières photos officielles de la star, prises par Claude Gassian, sont ainsi diffusées, une manne pour les journaux, qui se font largement l'écho du come-back de la star. À cette occasion, Mylène annonce la sortie imminente de *Avant que l'ombre...*, son sixième album studio. Le spectacle, dont les places s'arrachent dès les premières heures de mise en vente, promet d'être grandiose, avec l'utilisation de tout l'espace de Bercy. La conception du décor est confiée à Mark Fisher, le célèbre architecte du divertissement qui s'est occupé des shows des Rolling Stones, U2, Janet Jackson, Tina Turner, Robbie Williams et bien d'autres.

Au bout de 21 ans d'une carrière exemplaire, Mylène Farmer fascine toujours autant son public et pourrait bien rentrer dans la légende, si ce n'est déjà fait...

**Maxime Le Men**

32

54

62

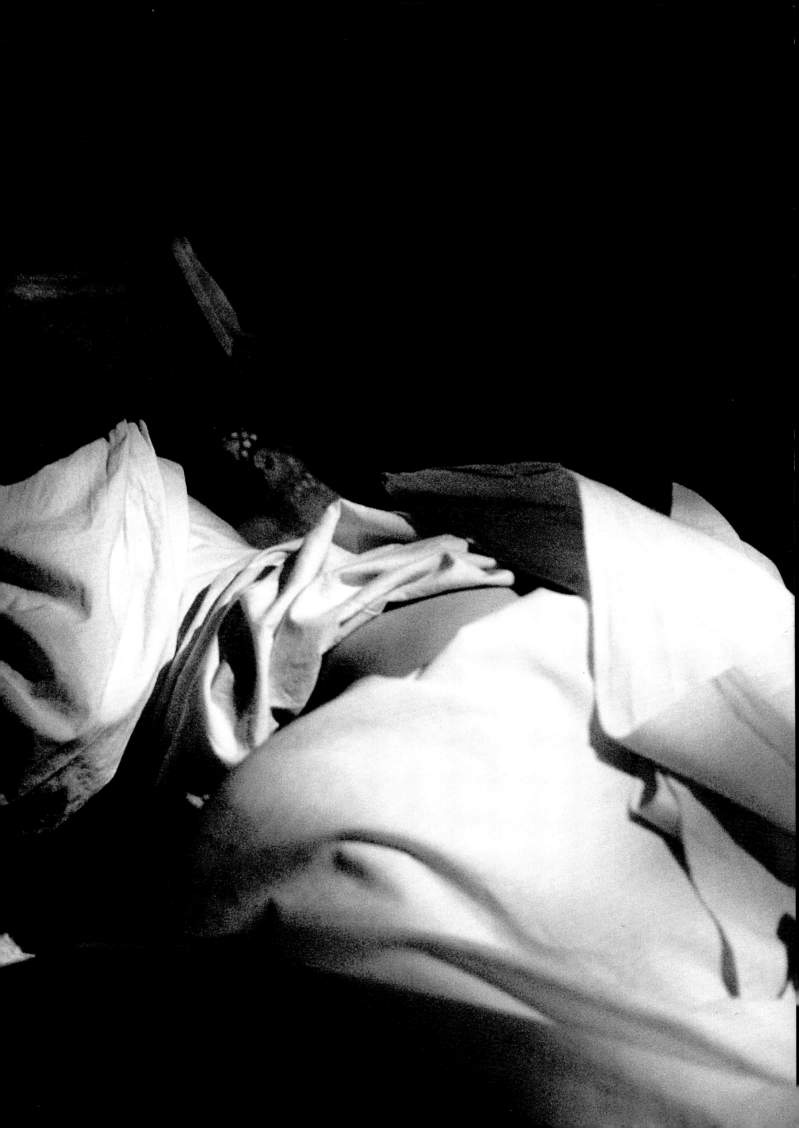

# MYLENE FARMER
# LES ANNEES SYGMA

**Conception et réalisation** Sylvain Sennefelder

**Photographies** Marianne Rosenstiehl / Corbis Sygma
COUVERTURE, PAGES 2 À 109 ET 126 À 143

**Autres photographies...**
Étienne George / Corbis Sygma
PAGES 112, 113, 118 ET 119
Jean-Marie Leroy / Corbis Sygma
PAGES 110 ET 111
J. Hanzl / Corbis Sygma
PAGES 114, 115, 116 ET 117
André Rau / H&K
PAGES 121 À 125

**Textes** Maxime Le Men

**Photogravure** Num'ère Janjac

**Achevé d'imprimer** en février 2005 sur
les presses d'IME (Baume-Les-Dames)

**Édité par** Tear Prod, 69 Rue Ampère, 75017 Paris, France
Fax : +33 (0)1 48 45 80 67 / Email : tearprod@tearprod.com

**Remerciements** Marie-Thérèse Kowalski, Véronique Therme

**Dépôt légal** Février 2005

**N° Isbn** 2-915957-00-2

Imprimé en France